AF524353

Felicitas Hoppe

Gedankenspiele über die

Sehnsucht

Literaturverlag Droschl

Für Dietrich zur Nedden

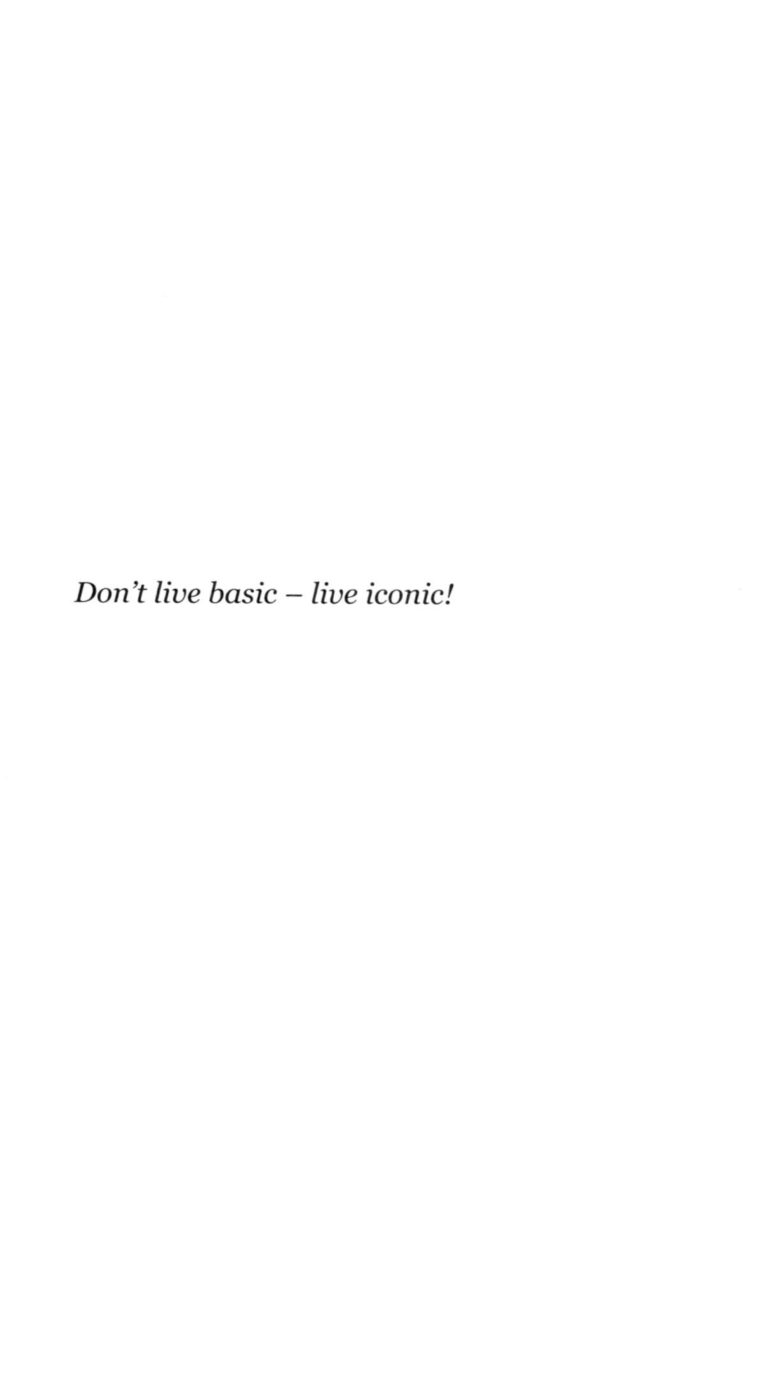

Don't live basic – live iconic!

Fabel: Unser Leben ist von der Sehnsucht nach Erfüllung grundiert; und zugleich von der großen Angst davor, die der russische Dichter Daniil Charms bündig in folgender Fabel vorführt:

»Ein Mensch von kleinem Wuchs sagte: ›Ich wäre mit allem einverstanden, wenn ich nur ein kleines bißchen größer wäre.‹ Kaum hatte er das gesagt, da sieht er, vor ihm steht eine Zauberin.

– Was willst du? – fragt die Zauberin.

Und der Mensch von kleinem Wuchs steht da und bringt vor Angst kein Wort über die Lippen.

– Nun? – sagt die Zauberin.

Der Mensch von kleinem Wuchs steht da und schweigt. Die Zauberin verschwand.

Da brach der Mensch von kleinem Wuchs in Tränen aus und fing an, sich die Nägel abzubeißen. Erst biß er sich alle Fingernägel ab, dann auch die Zehennägel. Leser, denk dich hinein in diese Fabel, und dir wird ganz schlecht.« (Charms, S. 164)

Endstation Sehnsucht: Das ist, je nach Bedarf, so persönlich wie politisch zu lesen; schließlich hat den Dichter der Fabel die Karikatur seiner Sehnsucht und sein subersives Versprechen, für den Fall der Erfüllung »mit allem einverstanden« zu sein, bekanntlich mehr als nur ein paar Nägel gekostet, sondern realiter wenig später das ganze Leben. Umso schwerer wiegt des Wünschers notorisches Schweigen; und seine Selbstbestrafung im Angesicht einer Zauberin, die offenbar alles andere als eine gute Fee ist. Er hat die Chance des Augenblicks nicht ergriffen und die Gelegenheit zur Selbstoptimierung verpasst.

Jeder Märchenleser kann ein Lied davon singen, wie schnell wir uns voreilig beim Wünschen verwünschen und im Licht des Alltags als die Gefoppten dastehen. Menschen von kleinem Wuchs sind wir schließlich alle, auch wenn wir uns gern etwas größer wähnen. Wunsch und Sehnsucht sind allerdings zweierlei; denn der Wunsch bringt lediglich sprachlich zum Ausdruck, was die Sehnsucht selber nicht sagen kann, und dringt folglich in ihr Zentrum nicht vor. Er reduziert sie notdürftig auf das scheinbar Erfüllbare, während sie selbst bekanntlich am liebsten bei sich bleibt. Unstillbarkeit ist ihr hungriger Adel und ihr unersättliches Markenzeichen.

Tarnkappen: Der Schriftsteller Günter de Bruyn, der Zeit seines Lebens den Raum des Privaten gegenüber politischen Zumutungen und Verheißungen zu verteidigen suchte, wusste genau, wovon diese zwielichtige Zauberin spricht. Jahrzehnte später schreibt er in seiner *Zwischenbilanz* über eine gewisse Reni: »Mein Werben um Reni dauerte etwa acht Jahre, von meiner Einschulung bis zu ihrer Konfirmation; und ein zusätzliches Jahr brauchte ich noch, um es mir abzugewöhnen – was mir aber durch den Beginn einer anderen unglücklichen Liebe glänzend gelang. Diese beschäftigte mich dann länger als sie währte. Sehnsüchte, die unerfüllt blieben, können langlebig sein.« (de Bruyn, S. 81 f.)

Nicht das Objekt der Begierde, sondern der es begehrt, ist der hochgestimmte Sehnsuchtsinhaber, der seine Wahrnehmung einem traumhaften Wunsch unterwirft, den der Gegenstand seiner Anbetung nur selten erfüllt – nicht weil er nicht will, sondern weil er nicht kann. Doch der Verehrer gibt nicht auf, denn »meine Angst vor dem Ende der Illusion war zu groß. (...) Heute will es mir scheinen, als hätte ich damals ein Ziel nur erfunden, um den Weg sinnvoll zu machen. (...) Es ging mir ums Lieben, nicht ums Geliebtwerden. Ich hätte Reni auch sagen können: Mach dir nichts draus, es geht dich nichts an. Eine Tarnkappe wünschte ich, um Reni, ohne ihr lästig zu werden, sehen zu können.« (de Bruyn, S. 82/83)

Pilatusprinzip: Stellt sich die Frage, ob es sich im Reich der Illusion, wenn schon nicht besser, so doch wenigstens unbehelligter leben lässt: sehen, ohne gesehen zu werden. Im Verborgenen wünschen, lieben und hassen. Zuschauer sein: ins Theater, in die Oper, ins Kino gehen. Heimliche Sehnsüchte mit Popcorn füttern. Sich ungetraft seinen Phantasien hingeben. Nach Bedarf Masken aufsetzen. Unter fremden Namen posten und twittern. Aufschub aushandeln, statt Brücken zu bauen. Nicht Ingenieur, sondern Dichter sein. Seine Hände in Unschuld waschen. Das altbekannte Pilatusprinzip.

Nur war Pilatus kein Dichter, sondern Politiker, der sich während seiner Dienstzeit in Judäa mehr als nur einmal aus dem öffentlichen Diskurs weggewünscht haben dürfte. Doch war offenbar keine Zauberin da. Unsere Sehnsucht ist weniger an poetische Räume gebunden als an unsere Angst vor Verantwortung, Enttäuschung und Strafe. Denn ihre Erfüllung verwandelt nächtliche Siege schon im Morgengrauen in Niederlagen.

Kein Wunder, dass Politiker niemals von

Sehnsucht sprechen, obwohl sie permanent damit beschäftigt sind, ihre Wünsche ausdrücklich auf den Punkt zu bringen: Frieden, Freiheit und Gleichheit, Dialog und Gespräch; doch von ihrer Sehnsucht danach ist unter Diplomaten aus gutem Grund nie die Rede. Denn im Gegensatz zu ihren konkreten Wünschen sind unsere Sehnsüchte nicht verhandelbar.

Ungesättigte Reste: Rein chemikalisch betrachtet sind ungesättigte Verbindungen reaktionsfreudiger als gesättigte. Demnach wäre Sehnsucht kein Ausdruck von Mangel, sondern von Vitalität. Sie gedeiht vorzugsweise in Zwischenräumen, flankiert von Hunger und Warten. Gern überwintert sie aber auch, satt subventioniert, in der vagen Hoffnung, sich dabei in Kunst zu verwandeln. Doch auch in den Naturwissenschaften sind Tarnkappen inzwischen gefragt: Forscher fotografieren Unsichtbares und lassen Sichtbares verschwinden. Sie halten Lichtstrahlen an und verdrehen sie. Dagegen verblassen die Phantasien einer Philosophie, die immer noch gern von reiner Erkenntnisfreude oder geistiger Reiselust spricht.

Von welcher Seite der Aufbruch aus dem trüben Alltag gelingt, hängt davon ab, wohin wir mit unserer Sehnsucht eigentlich wollen, genauer: mit welchem Namen wir ein Phänomen belegen, das nach wie vor so illuster wie unerforscht ist, weil es sich allem voran unserer Sprache entzieht. Denn was passiert, wenn sich die *Sehnsucht* in *longing* verwandelt, das longing in *nostalgia*, die nostalgia in die *impatience de faire* und von dort aus, jenseits von *Weltschmerz* und *Fernweh*, in produktive *Neugier* oder fröhliche *Ungeduld?*

Amigos: Was auch immer wir, diesseits und jenseits der Sprache (die ja auch bloß eine Tarnkappe ist), mit dieser »verdammten

Sehnsucht« verbinden, die die inzwischen sichtbar gealterten *Amigos* in ihrem Album von den *tausend Träumen* nach wie vor beharrlich besingen: Sie ist so banal wie romantisch, so alltäglich wie (meta)physisch und so abstrakt wie spürbar schmerzhaft zugleich. Jeder hat sie, jeder glaubt, sie zu kennen, jeder pflegt Umgang mit ihr, selbst der, der sie leugnet.

Tatsächlich begleitet sie, zumindest gefühlt, unser ganzes Leben und Tun; sie grundiert unsere so verachteten wie unverzichtbaren Lieder, unser karnevalistisches Schunkeln, unsere langsam mit uns alternden Hochzeitsanzeigen und unsere neu aufgelegten Kindergeburtstage; sie illustriert unseren Wunsch nach Veränderung, der überraschend selten in einen ernsthaften Aufbruch mündet; und, last but not least, unser Bedürfnis nach Transzendenz. Wir finden uns förmlich umzingelt von ihr, in der Werbung nicht weniger als im Gebet.

Desiderium: Bis wir ihr am Ende auf dem Sterbebett wiederbegegnen, wo wir, falls wir noch dazu in der Lage sein sollten, vermutlich versuchen werden, angesichts jenes dunklen Raums einer nach wie vor unbeschriebenen Ewigkeit (von der wir, zu unseren Gunsten, annehmen wollen, dass sich dort niemand mehr die Nägel abbeißen muss) mit der Welt, die wir in Kürze verlassen müssen, wenigstens »ein kleines bisschen« Frieden zu machen. Wer möchte, kann sich dabei an den berühmten Satz von Augustinus erinnern: »Homo desiderium dei«, der sich auf zweierlei Art übersetzen lässt: »Der Mensch ist die Sehnsucht Gottes« oder: »Der Mensch ist Sehnsucht nach Gott«.

In der Bibel wimmelt es nur so von Sehnsuchtsgestalten, aber wer garantiert uns, dass auf der Schwelle zum Jenseits nicht einmal mehr jene zwielichtige Zauberin auftaucht, die uns, womöglich in Gestalt eines Erzengels, fragt, wohin wir eigentlich wollen?

Paradiese, Übersee: Dabei vergessen wir gern, dass unsere kleinteilige höchst persönliche Sehnsucht nach dem Multiversum, dem Paradies für alle, nach jener schöneren, besseren Welt, die wir aller Erfahrung der Nichterfüllung zum Trotz, immer wieder utopisch beschwören, in erster Linie geopolitisch geformt ist. Bewegen wir uns also auf dem Zahlenstrahl unserer Sehnsuchtsgeschichte ein kleines Stück vorwärts zurück; und stellen wir uns, rein exemplarisch, einfach mal die folgende Frage: Hatten Vasco da Gama, Christoph Columbus oder Fernando Magellan jemals so etwas wie Sehnsucht? Sehnten sie sich nach einer neuen Welt? Schauten sie jemals aus einem privaten Fenster hinüber in das, was wir bis heute so romantisch als *Ferne* bezeichnen? Hatten sie Ahnung von irgendwas? Ungesättigte Reste? Oder waren sie, schlicht und ergreifend, nichts als Eroberer und Auftragsmörder einer höheren Ordnung? Lauter Hände, die ihre Sehnsucht in Unschuld waschen. Die Welt gerät in Bewegung, und von Tarnkappen ist keine Rede mehr. Die Mischung aus Sehnsucht und Größenwahn nimmt grundsätzlich das Große und Ganze in Anspruch.

Wo du nicht bist, da ist das Glück: Sobald sich die Sehnsucht dagegen ins Private verlagert, wird sie provinziell und behaglich, dunkel und still, fast beunruhigend kontemplativ. Und in der Regel poetisch. Besteigt ein deutscher Taugenichts eine literarische Kutsche (wohin auch immer), schläft die Welt beglückt ein, beginnt im Halbschlaf ihrer inneren Stimme zu lauschen und verwandelt sich so tröstlich wie quälend in Zoom oder Kunst. Wir glauben zu sein, wo wir niemals sind, und sind dankbar dafür, nirgendwo ankommen zu müssen.

Die deutsche Romantik singt davon jede Menge Lieder, von denen nicht wenige ihr sprichwörtliches Überleben bekanntlich einzig der Musik von Franz Schubert verdanken, weshalb ich eines davon nur mit der letzten von acht Strophen zitiere, und die geht so: »Ich übersinne Zeit und Raum, ich frage leise Blum und Baum. Es bringt die Luft den Hauch zurück: Da, wo du nicht bist, ist das Glück!«

Das hört sich, auf den ersten Blick, nicht gut an, verschafft uns jedoch, auf den zweiten Blick, jenen Mehrwert, von dem sich unsere Sehnsucht grundsätzlich ernährt: Solange das Glück nicht bei uns ist und wir bloß lyrisch auf Reisen sind, fallen Sehnsucht und Wirklichkeit selig in eins, und das ist durchaus entlastend. Denn physische Anwesenheit strengt uns zunehmend an. Abwesenheit dagegen regt an und auf, weil sie unsere träumende Melancholia befeuert. Von welchen Blumen und Bäumen, Zeiten und Räumen der unbekannte Dichter hier spricht – es sind die Luft und der Hauch, es ist die verlässliche Flüchtigkeit der Musik, die seinen Text zur Sprache gebracht hat und die uns kurzfristig aus der Jetztzeit entführt.

Junge, komm bald wieder: In den späten neunziger Jahren des letzten Jahrhunderts habe ich persönlich die Probe aufs Exempel gemacht: Ich bestieg ein Containerschiff von Hamburg nach Hamburg, das mich auf den Spuren von Magellan und seinem Chronisten Pigafetta realiter einmal mehr um die Welt bringen sollte. Die altbekannte so verdammte wie lachhafte Sehnsucht des Künstlers nach dem Abgleich mit dem wirklichen Leben.

Der sprichwörtlichen Sehnsucht des Seemanns bin ich dabei allerdings nicht begegnet: Sehnsucht und Seemannsgarn sind eine Erfindung der Festländer; spätestens im nächsten Hafen lösen sie sich auf ernüchternde Weise in nichts auf; genau wie die uns allen bekannten Lieder, in denen Matrosen Briefe von fernen Küsten schreiben und ihren Verlobten Korallen aus Tahiti versprechen.

In Tahiti bin ich übrigens auch gewesen und erinnere mich noch sehr gut daran, wie man uns dort am Ufer mit Kränzen und »einheimischen« Liedern begrüßte. Offenbar war man dort gut mit unserer Sehnsucht vertraut. Allerdings besingen die meisten Seemannslieder gar nicht die Ferne, sondern die viel beschworene Heimat: »Was macht ein Seemann, wenn er Sehnsucht hat? Er fährt nach Haus. Was macht er dann in seiner Hafenstadt? Er ruht sich aus. Dann trinkt er Gin und Rum, schaut sich nach Mädchen um. Und eines Tages wird das Herz ihm wieder schwer. Dann fährt der Seemann, weil er Sehnsucht hat, hinaus aufs Meer.«

Ich war nachweislich die Einzige, die auf besagtem Schiff jemals persönliche Briefe schrieb und im Gegenzug sogar Antwort erhielt. Doch spätestens in den Weiten des pazifischen Ozeans kam meine Sehnsucht nach Antwort und Poesie allmählich zum Stillstand, weil man dort keine fernen Inseln mehr sieht und am Ende auch keine Sehnsucht mehr kennt. Unsere ins Meer so verliebte Sehnsuchtsfolklore ist offenbar an die

Vorstellung von Räumen und Ländern gebunden, aus denen man dem Seemann zurufen kann: »Junge, komm bald wieder!«

Ich auf der Erd', am Himmel du: Doch was passiert mit unserem reisenden Jungen in Zeiten scheinbar medialer Gleichzeitigkeit, wenn alles, in ein und derselben Sekunde, dazu verflucht ist, eins mit sich selber zu werden? Und was wäre, wenn in jenem anderen (und weit schöneren) Lied, das Schubert seinen berühmten Wanderer an den Mond singen lässt, jener unerreichbare Wanderer, also der Mond am Himmel, mit seinem irdischen Begleiter plötzlich unerwartet zur Deckung käme, und der Himmel aufhörte, ein Ort der Sehnsucht zu sein? Weil womöglich auch der Mond seine Tarnkappe inzwischen längst abgelegt hat, um nicht länger Objekt unserer Begierde zu sein. Jedenfalls nicht mehr für seine Dichter, Denker und Sänger.

Taiga: Das ist die schlechte Nachricht. Die gute dagegen: Schlagersänger sehen das grundsätzlich anders! Denn sie haben den Mond niemals aufgegeben und auch nicht die lästige Zeitverschiebung; und werden beide in ihrem privaten Kornfeld vermutlich auch längerfristig weiter besingen. Nicht das viel zitierte wirkliche Leben, sondern das Kraftfeld unserer Träume und Wünsche ist der zu besingende Ist-Zustand unseres menschlichen Daseins; jener undefinierbare Aggregatzustand, der permanent zwischen flüssig, fest und gasförmig wechselt und für die Naturwissenschaften nicht weniger schwer zu fassen ist als für die Psychologie. Denn die Sehnsucht ist, falls überhaupt ein Gefühl, zumindest ein ziemlich gemischtes und lebt bekanntlich davon, dass sie, allem voran, ziemlich gern von sich singen und reden macht.

Dabei geht es ihr allerdings nicht nur um Kunst, sondern nicht weniger um strahlende Zahlen, es geht ums Geschäft. Sobald man sie vom hohen Ross ihres metaphysisch philosophischen Singulars holt und in die Mehrheitssehnsüchte unseres Alltags verwandelt, lässt sich mit ihr wunderbar Handel treiben. Ein seit Jahrhunderten erprobtes Geschäftsmodell, wie nicht allein die *Amigos* beweisen, die nur nachsingen, was schon bereits vor ihnen da war: »Sehnsucht heißt ein altes Lied der Taiga«, sang *Alexandra* bekanntlich in den 60er Jahren, ein Lied, in dem sie eine Landschaft beschwor, die den meisten ihrer Fans bis heute so unbekannt wie bekannt sein dürfte: Nadelbäume, Büsche und Heidelbeeren, dichter, undurchdringlicher, oft sumpfiger Wald.

Blaue Blumen: Sehnsuchtslandschaften sind auswechselbar. Denn die Sehnsucht ist eine Meisterin im Kulissenschieben und hält uns, egal, wo wir sind, immer wieder in Schach durch ihre perfide Mischung aus Selbstbehauptung und Flüchtigkeit. Wer noch gestern am Meer war, will demnächst in die Berge, tags drauf in die Taiga und schon am dritten Tag zurück in die Wüste oder, am liebsten, wieder nach Haus. Auf der Landkarte werden Sehnsuchtsorte markiert, um durch neue Sehnsuchtsorte ersetzt zu werden.

Zum Beispiel durch einen Spaziergang in den botanischen Garten der deutschen Romantik: »Was ihn mit voller Macht anzog, war eine hohe lichtblaue Blume, die ihn mit ihren breiten, glänzenden Blättern berührte. Rund um sie her standen unzählige Blumen von allen Farben, und der köstliche Geruch erfüllte die Luft. Er sah nichts als die blaue Blume, und betrachtete sie lange mit unnennbarer Zärtlichkeit. Endlich wollte er sich ihr nähern, als sie auf einmal sich zu bewegen und zu verändern anfing; die Blätter wurden glänzender und schmiegten sich an den wachsenden Stängel, die Blume neigte sich nach ihm zu, und die Blütenblätter zeigten einen blauen ausgebreiteten Kragen, in welchem ein zartes Gesicht schwebte. Sein süßes Staunen wuchs mit der sonderbaren Verwandlung, als ihn plötzlich die Stimme seiner Mutter weckte.« (Novalis, S. 132)

Habsucht: Die blaue Blume ist zum Lieblingssymbol unserer Sehnsucht geworden, zum Wunsch nach einer komfortablen Entdeckung der Welt, für die der viel geschmähte Massentourismus vor spätestens zweihundert Jahren einen begehbaren Raum schuf; und die süße Illusion, dass die Welt uns allen gehört. Gesetzt den Fall, man kann sich das leisten und hat keine Angst, von der Stimme seiner Mutter geweckt zu werden.

Aber von was für Reisen ist hier die Rede? Wer kommt im Land seiner Sehnsüchte an? Und was passiert mit einem Menschen von kleinem Wuchs für den Fall, dass er, obwohl er dafür bezahlt hat, die blaue Blume nicht findet? Romantiker greifen auf Sätze wie diese zurück: »Der Jüngling lag unruhig auf seinem Lager, und gedachte des Fremden und seiner Erzählungen. Nicht die Schätze sind es, die ein so unaussprechliches Verlangen in mir geweckt haben, sagte er zu sich selbst; fern ab liegt mir alle Habsucht: aber die blaue Blume sehn' ich mich zu erblicken.« (Novalis, S. 130)

Was allerdings die Ferne der Habsucht betrifft, so irrt der romantische Jüngling. Habsucht lässt sich von der Sehnsucht nicht trennen und gehört, genau wie die Eifersucht, in dieselbe uns allen vertraute Familie der bis dato unverhandelbaren Suchtkrankheiten. Die blaue Blume ist zwar ein beweglicher Schatz, der sich weder pflücken noch heben lässt, doch sie weckt trotzdem unser Begehren, das weder Unschuld noch Reinheit kennt. Jede Sehnsucht ist auf Haben und Sättigung aus, auch dann, wenn sie nie an ihr Futter kommt. Sie lebt von der Aussicht auf ihre Erfüllung, und, ganz egal, wie dezent und privat sie sich gibt, sie ist grundsätzlich auf Unterwerfung aus.

Höhlenmalerei: Entsprechend sucht sie nach äußeren Zeichen, mit denen sie sichtbar zum Ausdruck bringt, dass sie älter als unsere Geschichten ist. Wer sich traut, mit offenen Augen durch eine Welt zu gehen, die ihre Sehnsüchte zunehmend nicht nur deutlicher ausspricht, sondern auch illustriert, kann sie, nicht nur auf Containerschiffen, überall sehen und lesen, Tattoos auf Armen, Beinen und Bäuchen, die die Sehnsuchtsbotschaft ihrer Träger zur Ansicht bringt.

Im Alltag sind wir sprichwörtlich von Emblemen der Sehnsucht umzingelt, die sichtbar machen, worum es uns Menschen von kleinem Wuchs wirklich geht: Sternzeichen, Anker und blaue Blumen. Wo ein Wille nach Ausdruck ist, ist auch ein Zeichen, lauter von Pfeilen durchstochene Herzen, ergänzt durch gestochene Kommentare wie diese: Energy never lies; Die Zeit heilt alle Wunden; Mein Leben, meine Regeln; Transcendence; Liebe besiegt alles; Hinfallen, Aufstehen, Weitermachen; Phantasie ist das Auge der Seele; Siegen oder Sterben; Live or die; Fuck Eternity! Und last but not least (found in St. Louis): DON'T LIVE BASIC – LIVE ICONIC!

Ein Lied über rein gar nichts: Lauter Botschaften, die älter sind als die Sprache und doch ohne die Sprache nicht auskommen können. Und die ist weit älter als die Romantik und hält seit je mit sichtbaren Regeln gegen. Noch der kleinste geringste Höfling weiß schließlich: Sehnsucht heißt warten. Sein Emblem im Gürtel sind die Geduld und der Hunger, das Codewort heißt Minne: Krankheit des schmerzlichen Verlangens. Aber wer will die schon haben? Hand aufs Herz: Wir haben sie alle. Das wusste Wilhelm IX. von Aquitanien schon vor tausend Jahren, als er *Ein Lied über rein gar nichts* schrieb, in dem er von einer Suche nach einem Arzt berichtet, der uns womöglich aufhelfen könnte.

Die Diagnose bleibt allerdings nebulös, denn der Dichter stellt uns ein Rätsel, das sich weder übersetzen noch lösen lässt, weshalb ich es hier nur fragmentarisch und in eigener Übersetzung vom Provenzalischen über das Englische hinüber ins Deutsche zitiere: »Es ist mir nämlich im Schlaf eingefallen, auf dem Pferd. Ich weiß nicht, wann ich geboren bin, ich bin nicht fröhlich, nicht traurig, nicht von dort, nicht von hier. Ich wurde einfach eines Nachts beschenkt. Auf einem hohen Berg.«

Und der Dichter fährt fort: »Ich bin krank und habe Angst zu sterben, aber ich weiß nicht, woran. Ich werde einen Arzt aufsuchen, aber ich weiß nicht, welchen. Heilt er mich, ist er gut, wenn nicht, ist er schlecht. Nie sah ich meinen Geliebten, aber ich liebe ihn sehr. Er tat mir weder Recht noch Unrecht. Dass ich ihn nicht sehe, kümmert mich nicht. Aber es macht mir auch keine Freude, einen noch schöneren zu kennen, der mehr zählt.« (Wilhelm IX. von Aquitanien)

Und er schließt: »Ich weiß nicht, ob ich schlafe oder wach bin – außer wenn es mir jemand sagt. Und fast ist mir das Herz gebrochen, aus Schmerz. Aber ich gebe nichts drauf. Ich habe ein Lied gemacht, und ich weiß nicht, über wen. Ich singe es für den, der es weiterträgt nach Anjou. Vielleicht gibt es ja dort einen, der das Rätsel entschlüsselt.«

Tarot: Also habe ich mich auf den Weg nach Anjou gemacht. Die Region liegt am unteren Tal der Loire und ist heute vor allem für ihren Weinbau bekannt. Doch auch unter Alkoholeinfluss lässt sich das Rätsel nicht lösen und verwandelt sich beim Trinken in jene Krankheit zurück, der bis heute kein Arzt gewachsen ist. Leicht, sich darüber lustig zu machen, und nicht weniger leicht, in Pathos zu kleiden, was die Pathologien der Sehnsucht tatsächlich ausmacht, wenn sie versucht, die grausame höfische Realität in den Traum literarischer Helden zu verwandeln, die die Namen von Ginevra und Lancelot tragen.

Die Kunst hat ihren nahrhaften Anteil daran, wenn sie bildend, schreibend, trinkend und singend in Stein, Wort und Ton fasst, was wir entbehren, wenn unsere Wünsche definitiv NICHT in Erfüllung gehen. Man kann diese trinkfesten Biografien freundlich in einen Mehrwert verwandeln, der die Gestalt jener Melancholia annimmt, die ihr Kinn in die Hand stützt und aus einem verträumten Augenpaar in die bereits weiter oben erwähnte Ferne blickt.

In den alten Biedermeier-Aufschlagkarten, einer Art deutschem Tarot, ist die Sehnsucht durch eine von zweiunddreißig Karten vertreten und, wen wundert's, natürlich als Frau dargestellt: Gut frisiert und prächtig gekleidet sitzt sie, das Kinn in die Hand gestützt, an einem Schreibtisch vor einem Fenster mit Blick in eine Welt, die zur knappen Hälfte von einem Vorhang verdeckt ist. Was draußen wirklich geschieht, ist nicht zu erkennen, doch die Darstellung geht deutlich ins Diagonale, das uns, bei allem Rückzug hin ins

Private, an einen Pfeil kurz vor seinem Abschuss erinnert.

Unersättliche Rede: Die Diagonale ist ein Sehnsuchtsemblem, das dem unerfüllten Wunsch der am Fenster sitzenden Träumerin zwischen Zögern und Aufbruch die entscheidende Richtung gibt. Und trotzdem erscheint es kaum vorstellbar, dass sich die schöne Frau, im Kerker ihres noch schöneren Kleides, tatsächlich auf den Weg machen könnte. Sie versinkt in Gedanken und in der Betrachtung eines Lebens, an dem sie nur imaginär Anteil hat. Ob sie das glücklich oder unglücklich macht, ist nicht zu erraten; sicher ist nur: man stellt sie sich als eine Briefschreibende vor.

Dass wir das Genre des Briefes in besonderem Maß mit der Sehnsucht verbinden, erkärt sich von selbst. Briefe, in welcher Form auch immer, verschriftlichten seit Jahrhunderten jenen ungesättigten Rest, von dem bereits weiter oben die Rede war und der durch die unersättliche Rede kompensiert werden soll. In jeder Zeile ist die Zeitverschiebung zu Haus. Selbst nach der kürzesten Nachricht ensteht jene gefährliche Pause zwischen Frage und Antwort, die darauf hinweist, dass Frage und Antwort zweierlei sind und dass kein Leben mit dem anderen zur Deckung kommt.

Briefe, wie wohlformuliert auch immer, sind Ausdruck der Sehnsucht nach Fütterung. Sie gleichen jenem unersättlichen Drachen, der, je mehr man ihn füttert, umso hungriger wird. Denn Sehnsucht kennt keine Sättigung, Hunger ist ihre Natur. So wie der Schreiber mit dem Schreiben nicht aufhören kann, kommt auch der Empfänger der Nachricht niemals zur Ruhe. Und genau das ist die Absicht. Antwort und Frage füttern sich gegenseitig, in sehr kleinen Häppchen, in einem Gespräch, das sein Ende nicht kennt, weil es von Anfang an darauf aus ist, kein Ende zu finden.

Dauerverlobt: Nicht nur kanonisierte Schriftsteller wie Kleist oder Kafka haben dieses Sehnsuchtsmodell mit Wilhelmine von Zenge und Felice Bauer nachhaltig perfektioniert; auch die imaginär dauerverlobte Reni von Günter de Bruyn gehört zu jenen Ikonen, die dem wirklichen Leben gewachsener waren als die Aussender ihrer fesselnden Sehnsuchtsbotschaften. Was aber passiert, wenn es auf der Gegenseite plötzlich entschieden still wird, weil eine überforderte Stimme verstummt, mit der man sich eben noch im Gespräch wähnen durfte?

Über den Missbrauch der Sehnsucht durch die Geister des Briefes ist bereits jede Menge geschrieben worden. Doch sind die Geister damit mitnichten gebannt. Denn der alte Drache ist immer noch hungrig, und die Literatur wird nicht müde, ihn weiter zu füttern. Die Sehnsucht des Eigenbrötlers braucht kein Reisebüro, sie lebt auf paradoxe Weise vom Warten, das auch Becketts verblichene Geister ernährt, die ihre unfruchtbare Zeit damit überbrücken, immer wieder von vorn, ein Phantom ihrer metaphysischen Sehnsucht aufzurufen.

Godot: Doch der metaphysisch Verlobte kommt einfach nicht. Godot nimmt keine sichtbare Form an. Seine Zeit hebelt die Zeit aus, denn Godot wartet anders. In einer Zeit, die glaubt, mit sich selber zur Deckung zu kommen, mag das fast schon albern und rührend erscheinen. Doch tatsächlich leben wir noch immer vom Warten, von der Spannung zwischen dem Jetzt und dem Später, das vermutlich niemals eintreten wird; von dem Gedanken an eine Brücke, die zwar gedacht, aber nicht überquert werden soll; die Sehnsucht gewinnt ihre Kraft aus der Verweigerung, einen gültigen Schritt ins *So ist es* zu machen. Und erweist sich dabei als ein Lebensmotor, der unterm Strich unverzichtbar ist.

Aber was passiert eigentlich mit unserer

Sehnsucht, sobald sie älter wird als ein Wochenende, an dem sich immer noch nichts vom Fleck bewegt hat? Wird sie dringlicher oder schwächer? Verfällt sie, reift sie, gedeiht sie? Wie lange blüht eine blaue Blume, die im Alltag versackt, bevor sie Kunst wird – oder Literatur? Interessanter allerdings ist die Gegenfrage: Hat ein praktisch denkender berufener Mensch jemals von so was wie Sehnsucht gehört? Sagt man: Der Maurer sehnt sich nach Stein, der Nachrichtensprecher nach seiner Nachricht, der Schüler nach seiner Hausaufgabe, der Bäcker nach seinem Brötchenkäufer, der Schuster nach einem fehlenden Absatz, der Priester nach Beichte?

Sehnsucht, so jedenfalls scheint es, scheut den Kontakt mit dem wirklichen Leben, sie ist immer auf Adel durch Abstand aus, auf eine höhere Qualität, auf irgendein Extra, dem ein Hauch von romantischer Literatur folgen will, ein Gefühl, das sich über den Alltag erhebt, vermutlich deshalb, weil das Gefühl selbst so alltäglich ist. Dabei ist der Alltag die einzige Chance, sie zu bannen und sie auf jenen Platz zu verweisen, der ihr tatsächlich gebührt, obwohl gerade der Alltag ohne sie niemals denkbar ist. Denn wozu aufstehen, wenn man keine Sehnsucht mehr hat.

Abgründe: »Die Wiege schaukelt über einem Abgrund, und der platte Menschenverstand sagt uns, dass unser Leben nur ein kurzer Lichtspalt zwischen zwei Ewigkeiten des Dunkels ist. Obschon die beiden eineiige Zwillinge sind, betrachtet man in der Regel den Abgrund vor der Geburt mit größerer Gelassenheit als jenen, den man (mit etwa 4500 Herzschlägen pro Stunde) entgegeneilt.« (Nabokov, S. 10)

Das schreibt Wladimir Nabokov in seinem bescheidenen Versuch, eine Brücke zwischen unserer Angst und dem Unendlichen zu bauen, die unser Leben mit unserer Sehnsucht in Einklang bringt. Auch er ein Mensch von kleinem Wuchs, der sich weniger nach Größe als nach Formgebung sehnt, danach also, so souverän wie möglich, einen Abgrund zu überwinden, der de facto nicht zu überwinden ist.

Immerhin – ein schöner Gedanke: dass unser Leben in einer Wiege liegt, über die sich, im günstigsten Fall, nicht eine böse, sondern eine gute Fee gebeugt haben könnte, um uns den ersten und zugleich letzten Wunsch zu erfüllen: ein eineiiger Zwilling mit unserer Sehnsucht und damit ein kleines bisschen größer zu werden.

Imperative: Diesen Text schreibe ich an den Ufern des Mississippi, in der Landschaft des nordamerikanischen mittleren Westens, der sich bis heute als Tor zur Erfüllung einer nach wie vor unerfüllbaren Sehnsucht versteht. Wir kennen ihn alle, jenen so simplen wie illusionären Imperativ: GO WEST! Doch wer von hier aus von Osten nach Westen blickt, wird sich, allem voran, der Geschichte eines großen Irrtums bewusst, der bis heute nicht korrigiert werden konnte.

An der Werbewirksamkeit seiner Sehnsuchtsbilder ändert das wenig. Nichts gegen das Meer und die Wiederkehr des vermeintlich immer und ewig Gleichen, die sich so dramatisch in Ebbe und Flut manifestiert. Und nichts gegen den See, dieses nur scheinbar ruhige Gewässer, dass die Melancholien unserer Selbstbetrachtung befördert.

Doch der Fluss bleibt mein bevorzugtes Sehnsuchtsgewässer; schließlich bin ich in Hameln an der Weser geboren und in die Schule des Rattenfängers gegangen, der die große Verführungskraft der Musik mit der unstillbaren Sehnsucht nach Aufbruch verbindet und unseren Wunsch nach Sesshaftigkeit konterkariert. Auch er alles andere als eine gute Fee, aber ich bleibe dabei: Es sind die Flüsse, die unsere Geschäfte unaufhörlich vorantreiben. Der Fluss will liefern und münden, er träumt von der Ankunft; und – um zum Schluss doch noch etwas pathetisch zu werden – davon, sich im Meer aufzulösen, um endlich »ein kleines bisschen größer« zu werden.

Aber stärker als der Wunsch sich aufzulösen und womöglich in einem Ozean zu verlieren, wirkt auf mich seine pragmatische Diesseitigkeit. Kein Fluss ohne Ufer. Und kein Fluss ohne Brücken. Am Fluss sind nicht nur die Dichter, sondern auch die Ingenieure und Lastenträger zu Haus, die niemals aufgehört haben, jene Brücken zu bauen, von denen die Dichter bis heute bloß träumen.

Fährmann hol über! Was Wunder, dass mir am letzten Sonntag vor Ostern, einem Fest, das auf seine eigene Weise von unserer Sehnsucht nach Größe und Unsterblichkeit spricht, am Ufer des Mississippi plötzlich wieder dieser Christophorus einfiel, jener omnipotente Heilige, der für so gut wie fast alles herhalten muss: Er ist der Schutzpatron der Reisenden zu Lande, zu Wasser und in der Luft, rettet aus jeder Gefahr, tritt als Patron der Ärzte nicht nur gegen plötzlichen Tod, sondern auch gegen Pest und Corona an und (für Klimaschützer) gegen Dürre und Hagelschlag. Doch auch für die Sesshaften ist er zu haben: Als Schutzpatron der Buchbinder, Bleicher und Pförtner und der Obst- und Gemüsehändler schützt er die Bogenschützen gegen die Straßenwärter und die Autofahrer vor den Rennradfahrern.

Aber allem voran ist Christophorus Fährmann und folglich pragmatisch damit beschäftigt, die Reisenden ans andere Ufer zu bringen. Anderes Ufer klingt insgesamt gut. Fast schon nach Glück. Aber wollen wir wirklich dahin? Hand aufs Herz: Wer von uns wünscht sich wirklich (tatsächlich), dass seine Sehnsucht mit dem Leben zur Deckung kommt? Und wer ist diesem Fährmann wirklich gewachsen, der in der Lage war, ein Kind über den Fluss zu tragen, das dabei zunehmend schwerer wurde: Denn er trug (Achtung, Legende!) nicht das Kind, sondern die

Welt. Von unserer ständigen Sorge begleitet, dass es unter den Augen der bösen Zauberin das andere Ufer niemals erreichen wird und dass das Kind, das er auf seiner Schulter trägt, vermutlich genauso wenig nach Hause kommt, wie der Junge aus unserem Seemannslied.

To end on a happy note: Um zum guten Schluss in der Plattitüde zu bleiben: Nicht die Hoffnung, sondern die Sehnsucht stirbt vermutlich zuletzt. Man muss sich den reisenden, Lasten tragenden Menschen als einen glücklichen Menschen vorstellen, vielleicht als den glücklichsten Menschen von allen, weil seine Last und sein Glück nicht zur Deckung kommen und weil er auf der Suche nach seiner Erfüllung nicht im Jenseits ankommen muss. Schließlich geht es nicht ums Ergebnis, sondern um seine Verheißung, um das altbewährte Tattoo, in dem sich jene Botschaft manifestiert, die vermutlich auch auf dem Unterarm von Christophorus zu lesen stünde, für den Fall, dass ein Künstler den Mut gehabt hätte, ihn nicht nur mit seinem Stab und dem Kind, sondern zusammen mit seiner Sehnsucht ins Bild zu bringen.

Zu sehen wäre ein Bild, auf dem er seinen sehr muskulösen Ruderarm in die Mitte der Darstellung rückt: nicht um zu beweisen, dass er alles andere ist als von kleinem Wuchs, sondern damit wir die wahre Botschaft der Sehnsucht lesen: DON'T LIVE ICONIC – BE BASIC!

Literaturverzeichnis

Günter de Bruyn, Zwischenbilanz. Frankfurt am Main: S. Fischer Verlag, 1992

Daniil Charms, Fälle. Herausgegeben und übersetzt von Peter Urban: Haffmans Verlag, 1984

Vladimir Nabokov, Gesammelte Werke, Band 22. Übersetzt von Dieter E. Zimmer. Reinbek bei Hamburg: Rowohlt Verlag, 1991

Novalis, Werke. Herausgegeben und kommentiert von Gerhard Schulz. München: C.H. Beck Verlag, 1969

Inhalt

Felicitas Hoppe, geboren 1960 in Hameln, lebt als Schriftstellerin in Berlin. Seit 1996 veröffentlicht sie Erzählungen, Romane, Kinderbücher und Feuilletons; sie ist auch als Übersetzerin tätig. Zuletzt erschien der Roman *Die Nibelungen. Ein deutscher Stummfilm* (2021), der auf der Longlist für den Deutschen Buchpreis 2021 stand. Hoppe hielt zahlreiche Poetikvorlesungen und wurde für ihr Werk vielfach ausgezeichnet, u. a. mit dem Georg-Büchner-Preis (2012) und zuletzt mit dem Kasseler Literaturpreis für grotesken Humor (2021).

Umschlag: & Co www.und-co.at
Satz: AD
Druck: Florjančič

ISBN 978-3-99059-109-3

Literaturverlag Droschl Stenggstraße 33 A-8043 Graz
www.droschl.com